creciendo con

MARTA

libros para sentir

everest

A mis tíos, Luis y Munda, y a mis primos: Loli, Carlos,
Carmen, Toñín, Nuria, Miguel Ángel y Vanesa.
Con todo mi cariño —C. M. A.

A mis hijos, niños, y a los niños, todos —A. C. C.

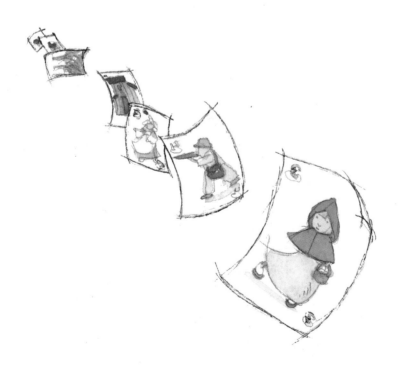

El primer día de colegio de David

La importancia de jugar

Carmen Martín Anguita

Ilustraciones de Alicia Cañas Cortázar

everest

Presentación de la colección

Los valores, el control de los impulsos, el manejo de las emociones
y de los sentimientos (es decir, todo aquello que nos permite «vivir bien»)
se transmiten por contagio.

La psicología establece que la formación de la estructura moral básica
se construye durante los primeros años de la vida.

Pero esto no se «enseña» a través de un método de transmisión directa
de conocimientos, como pueden ser los conocimientos matemáticos.
Es a través del contacto diario con la familia (o la cuidadora),
y en la escuela, donde se produce este «aprendizaje emocional».

Partiendo de estos presupuestos, la colección CRECIENDO CON MARTA
se lanza con la pretensión de alcanzar los siguientes objetivos:

- Potenciar, con herramientas creativas, el proceso de «desarrollo
  emocional» de los niños.

- Hacerlo mediante la utilización de la fantasía como instrumento
  preferente, ya que el niño no distingue entre la fantasía y la realidad;
  la realidad del niño está instalada en la fantasía.

- Llevarlo a cabo «por contagio», a través de un cuento con numerosas
  interpretaciones basadas en una interacción personal.

- Ayudar a solucionar los conflictos típicos de la infancia, tanto
  en el contexto familiar como escolar, de una forma sugerente, a través
  de los cuentos.

Jesús Blanco García
Psicólogo

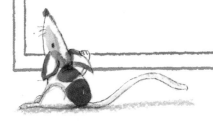

Era el primer día
de escuela para David.

—En el cole harás muchos
amigos —le tranquilizaba
Marta—. Además, en clase
hay muchos juguetes.

A David le gusta mucho jugar; bueno,
en realidad, es lo que más le gusta.
Le encanta hacer helados de plastilina,
y también le gustan los trenes,
los aviones, los coches y los juegos
de construcción.

Los días de fiesta
papá y mamá llevan
a David y a Marta
al parque o al campo.
Allí juegan con otros
niños. Es divertido
montar en bici
y jugar a la pelota.

—Lo pasarás estupendamente —le aseguró Marta, pero David no estaba muy convencido. La noche anterior había tardado mucho en dormirse y se levantó con mil mariposas que revoloteaban a capricho dentro de su estómago.

—¿Y si tengo ganas de hacer pis? —dudaba David.

—Pues se lo dices a Kike, el maestro, para que te deje ir al baño —le tranquilizaba Marta.

De camino al colegio, mamá sonreía. A David le gustaba mucho la sonrisa de mamá.

Cuando llegaron, David dio un beso a mamá, y Kike cerró la puerta de la clase.

—Vamos a formar un corro y a agarrarnos de las manos —indicó Kike.

Después todos fueron diciendo sus nombres.

—Ahora vamos a aprender la canción de los buenos días —les dijo Kike.

Buenos días, señor Sol;
nuestra clase va a empezar.
Vamos todos a aprender;
vamos todos a jugar.

Haga frío o calor,
lo vamos a disfrutar,
entre cuentos y juguetes,
entre libros y amistad.

Y todos se pusieron a cantar.

—Ahora vamos a jugar —rió Kike, mientras sacaba de un cajón un juego de construcciones—. Lo pasaremos muy bien. Vamos a seguir sacando juguetes, y cuando terminemos, los volveremos a dejar todos en su sitio.

David y sus compañeros comenzaron a sacar juguetes: coches, un garaje, un avión, una cocina, un teatro de títeres... David comenzó a sonreír al ver tantos juguetes.

Borja, apartado, no dejaba de llorar.

14

15

Kike sacó dos títeres de animales y se acercó a Borja.

—Hola —dijo Kike a Borja con voz de león mientras le alargaba un gracioso chimpancé para que introdujera su mano.

—Me llamo Yuma. ¿Tú cómo te llamas? —preguntó el león al chimpancé.

—Tristón —contestó el chimpancé entre pucheros.

—Un nombre muy interesante. ¿Te sientes triste? —dijo el león mientras se lamía una de las patas.

—Sí —contestó el chimpancé rascándose la barriga—, no tengo amigos en el bosque.

—A veces todos nos sentimos solos —continuó el león—. Sabes, yo una vez me perdí en la selva y no encontraba a mi mamá. Me puse a cantar una canción para no sentir miedo, después vino Pandi, el elefante, y me ayudó a buscar a mi mamá. No sé qué hubiera hecho sin él.

—¿La encontraste? —preguntó Tristón algo más animado.

—Sí, me estaba buscando. ¿Y sabes qué aprendí?

—¿Qué? —preguntó Tristón con interés.

—Que es bueno tener amigos.

—Yo no tengo amigos. Acabamos de llegar a este bosque y no conozco a nadie —le explicó Tristón.

—¿Sabes qué? Desde ahora tú y yo seremos amigos —prometió Yuma.

Tristón se sentía más aliviado; sus ojos brillaban como canicas de luz y en sus labios apareció una sonrisa.

David se acercó a Kike y a Borja con una marioneta de lobo.

—Hola, ¿quién eres? —dijo Kike con voz de Yuma al recién llegado.

—Soy el lobo del cuento de Caperucita. ¿Puedo jugar también?

—Claro —contestó el león realmente contento.

—¿De dónde vienes? —preguntó Borja con voz de chimpancé.

—De casa de la abuelita.

—¿Y te has comido a la abuelita? —pregunto Tristón, asustado.

—No —contestó el lobo—. Estaba cansado de ser el malo del cuento; además, al final siempre me quedaba sin comer. Así que decidí hacerme vegetariano, y ahora soy amigo de la abuelita. Todas las tardes voy a casa de la abuelita a jugar a las cartas —continuó el lobo—, y ella de vez en cuando me invita a comer. Hoy me ha preparado estofado y tarta de chocolate.

—¿Y tú de dónde vienes? —preguntó el lobo a Tristón, que cada vez estaba menos triste.

—Acabo de llegar a este bosque; antes vivía en la selva.

—¿Con Tarzán? —preguntó David curioso.

—No, con Chita —afirmó Borja, riendo mientras miraba a su muñeco.

—¿Quieres que nos vayamos con los demás? Kike está preparando un teatro de títeres —dijo David ilusionado.

—Vale —aceptó Borja.

Y la clase de Kike se convirtió en un teatro.

—David, ¿qué tal tu primer día
de colegio? —preguntó papá
una vez en casa.

—Lo he pasado muy bien
y tengo un nuevo amigo. Se llama
Borja. ¿Mamá, puede venir Borja
a casa una tarde a jugar conmigo?

—Claro, cariño —sonrió mamá.

—Te lo dije —le recordó Marta,
con aires de niña mayor—, en el
colegio se pasa estupendamente.

—David, a la cama. Mañana hay
que madrugar —dijo mamá.

David tenía mucho sueño.

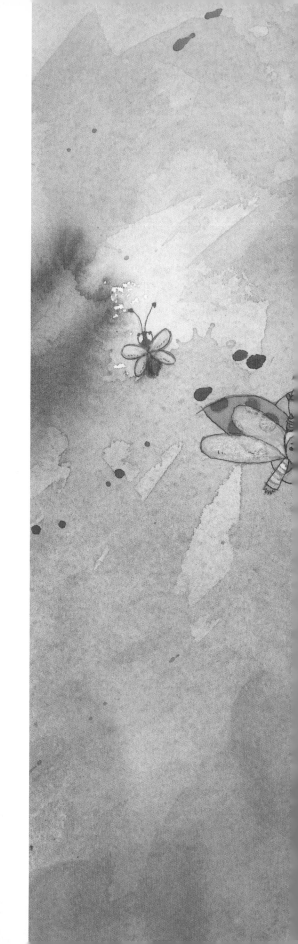

Había sido un gran día. Marta tenía razón, lo había pasado genial.

Aquella noche, David se durmió muy pronto, y las mil mariposas que revoloteaban a capricho dentro de su estómago, volaron a un país lejano.

31

© 2008 de los textos Carmen Martín Anguita
© 2008 de las ilustraciones Alicia Cañas Cortázar
© 2008 EDITORIAL EVEREST, S. A.
División de Licencias y Libros Singulares
Calle Manuel Tovar, 8
28034 Madrid (España)
Reservados todos los derechos.
ISBN: 978-84-241-5790-6
Depósito legal: LE. 873-2008
Printed in Spain – Impreso en España
Editorial Evergráficas, S. L.

Colección
Creciendo con Marta